T0096723

# DESPERTAR SIN LÍMITES
*El corazón de la meditación budista*

Shamar Rinpoche

# DESPERTAR SIN LÍMITES
*El corazón de la meditación budista*

## Shamar Rinpoche

*Traducido del inglés por María Cámara Serrano*

Título original:
**Boundless Awakening:
The Heart of Buddhist Meditation**

© Shamar Rinpoché, 2013
Publicado en colaboración con la editorial
Bird of Paradise Press, Lexington, VA,
para las lenguas inglesa y española

© Rabsel Éditions, 2014
para la traducción española
ISBN 979-10-93883-02-1

# Índice

Shamar Rinpoche (1952-2014) nació en Tíbet y, en 1957, fue reconocido como el 14º Shamarpa por el 16º Karmapa y por el 14º Dalai Lama. En 1996, organizó los Centros Budistas Bodhi Path, una red de centros presentes en varios continentes en los cuales se practica la meditación desde un enfoque no sectario. Asimismo, a lo largo de los años, Shamar Rinpoche fundó por todo el mundo varias organizaciones sin ánimo de lucro que participan en actividades de ayuda, como la escolarización de niños desfavorecidos y la promoción de los derechos de los animales. En su libro anterior, *El camino al Despertar* (Rabsel Éditions, 2011), Shamar Rinpoche abordaba el tema de la meditación explicando con sutileza los Siete Puntos del Entrenamiento de la Mente de Chekawa Yeshe Dorje; obra que representa una guía para vivir una vida plena desde la perspectiva budista así como un manual completo de técnicas de meditación.

Todo lo que surge en la mente
es de la naturaleza de la mente,
¿Se diferencia el mar de las olas?

Mahāsiddha Saraha (India, siglo VIII),
*Dohakoṣagīti*

# PREFACIO

En 1993, se publicó una primera versión de este texto titulada *"Knowledge in Action"* en el *Journal of the Karmapa International Buddhist Institute*, Nueva Delhi, India. Kiki Ekselius y Tina Draszczyk participaron como traductoras y Mary Parnal como editora.

Esta nueva edición ha sido revisada y ampliada. Quiero agradecer a Tina Draszczyk, Rachel Parrish y David Higgins por su ayuda en la edición y la corrección del manuscrito. La traducción de las citas desde el tibetano ha sido realizada por Tina Draszczyk.

No hay nada que eliminar (de la mente)
ni nada que añadir.
Lo real debe verse como real y
ver la realidad libera.

Maitreya/Asanga, *Uttaratantra*, I.157

# INTRODUCCIÓN

La meditación budista presenta dos aspectos: la calma mental y la visión profunda[1]. Los equivalentes respectivos en sánscrito son *śamatha* y *vipaśyanā* y en tibetano shiné y lhagtong (tib.: zhi gnas/lhag mthong).

La meditación de la calma mental va a generar en la mente un estado de equilibrio, paz y gozo.

---

[1] Para la traducción del original en inglés *insight meditation* en este libro se ha elegido la meditación de la visión profunda. Nótese que en otras publicaciones también se utiliza la meditación de la visión penetrante.

Sobre esta base, la meditación de la visión profunda nos va a permitir acceder a un conocimiento profundo, fundado en la experiencia, de nuestra verdadera naturaleza y de la naturaleza del mundo de las apariencias. Un aspecto esencial y común a ambas prácticas es la conciencia plena que nos va a facilitar apreciar completamente el valor de cada instante de nuestra vida.

Antes de adentrarnos en el tema me gustaría recalcar el hecho de que el lenguaje, por ser un medio limitado de expresión, resulta inadecuado para transmitir la verdadera experiencia de la meditación y la conciencia plena, incluso en su forma más sencilla. Los conceptos utilizados en cualquier tipo de lenguaje se basan en la experiencia común. Palabras tales como "caliente" y "frío", por ejemplo, comunican un significado bastante preciso a los que se adhieren a él porque, en algún momento, todo el mundo ha experimentado las sensaciones de calor y frío a través del contacto físico directo. Pero con las experiencias internas este proceso ocurre de manera diferente. Nos enfrentamos inevitablemente a un dilema al tratar de comunicar a través del lenguaje experiencias inefables, tales como los estados de conciencia vinculados a la meditación. Por tanto, ¿cómo podemos asegurarnos de que con los términos que utilizamos conseguimos cierto grado de comprensión mutua?

Las discusiones sobre temas filosóficos están confinadas dentro de los límites de las experiencias interiores que compartimos, sin referencias externas para poder consensuar. Si bien es cierto que en el pasado académicos y meditadores crearon una gran variedad de términos filosóficos budistas en lenguas como el sánscrito, el pali, el mandarín y el tibetano, para poder entender el verdadero significado de esta terminología es necesaria una base sólida de conocimiento y de familiaridad con las experiencias correspondientes.

Me gustaría ilustrarlo con un ejemplo: "ro chig" (tib.: ro gcig), un término clave en el budismo tibetano que se traduce literalmente como "sabor único". Pero, de hecho, este término se refiere a que la verdadera comprensión de la naturaleza de la realidad de todos los fenómenos externos e internos se realiza de la misma manera; esta realización es inmutable una vez alcanzada, lo que significa que todos los fenómenos son percibidos de forma idéntica, con ecuanimidad. Es uno de los muchos niveles de realización que se pueden obtener a través de la práctica de "lan kye chig chor" (tib.: lhan cig skyes sbyor), es decir, la "práctica de la simultaneidad". Obviamente, la expresión "sabor único" constituye una metáfora de una experiencia específica de la mente que no tiene que ver con ninguna sensación gustativa. Por medio de esta expresión, una persona que ha experimentado la conciencia del "sabor único" podrá comunicarse, en cierta medida, con otra persona que haya tenido la misma experiencia. Sin embargo, esta terminología seguirá siendo abstracta y difícil de entender para las personas que no hayan vivido esa experiencia.

Este ejemplo demuestra que el uso de una terminología budista apropiada puede ser un medio de comunicación adecuado entre aquellas personas que comparten la misma experiencia de introspección meditativa. Pero, en general, su utilización tiende a permanecer imprecisa y solamente capaz de proporcionar un bosquejo del significado pretendido.

Sin embargo, no disponemos de muchos otros medios de comunicación distintos al lenguaje. Voy a tratar por tanto de compartir mis reflexiones sobre la meditación budista de la mejor manera posible. Mi primer consejo en este ámbito apunta a comenzar por una meditación sencilla y proceder gradualmente hacia niveles más avanzados. La práctica meditativa es extremadamente profunda incluso en su forma más simple y lo será cada vez más a medida que evolucione.

## Capítulo 1
## La meditación de la calma mental

### Primer paso

Empezamos pues con una forma sencilla de práctica meditativa; de manera que el primer paso es la práctica de la calma mental, una forma de meditación muy eficaz, ligera y sin complicaciones.

Existen múltiples métodos pero todos ellos persiguen el mismo propósito elemental: permitir que la mente permanezca serena en un estado estable de concentración en un punto, sin interrupción y durante un período prolongado de tiempo.

Comenzamos aprendiendo a permanecer en la postura sentada de meditación durante períodos de diez, veinte o treinta minutos, extendiendo gradualmente la duración de las sesiones. Ser capaz de mantenerse en un estado de completa absorción se considera como algo extremadamente avanzado. Mientras tanto, incluso en las primeras etapas de la meditación, podemos aprender a sentarnos en silencio, conscientes de nuestra mente, observando el flujo de pensamientos que aparecen y desaparecen como el movimiento de las nubes que desfilan en un cielo despejado.

Cuando meditamos de esta forma, debemos prestar atención a ciertos puntos clave en relación al cuerpo y a la mente.

## Puntos esenciales sobre el cuerpo: la posición sentada

Cuando meditamos es conveniente que nos sentemos con la espalda recta. Si estamos sentados en una silla, los pies deben tocar el suelo y colocarse en paralelo. Si estamos sentados en el suelo o sobre una colchoneta, las piernas pueden estar totalmente cruzadas, en la posición del loto completo, o parcialmente cruzadas, con la pierna derecha hacia el exterior y la izquierda hacia el interior. Por lo general, a las personas con las piernas largas les convendrá un cojín más alto, dependiendo también de las proporciones del cuerpo. Lo importante es que la columna vertebral esté totalmente derecha.

El estómago se dirige ligeramente hacia el interior y, para balancear, el abdomen se empuja un poco hacia fuera; de esta forma, la parte central del cuerpo se va a mantener bien derecha. Para que el torso central todavía esté más erguido, los hombros deben estar alineados y derechos.

Las manos pueden colocarse en la postura de meditación, es decir, con las palmas hacia arriba y descansando sobre los talones (si estamos sentados en posición de loto completo) o en el regazo situado a unos dedos por debajo del ombligo, con la mano derecha sobre la izquierda. Esta postura favorece además que la columna vertebral esté vertical y derecha. Alternativamente, podemos colocar las manos, con las palmas hacia abajo, cómodamente descansando sobre los muslos y dirigiéndose hacia las rodillas, siempre cuidando de mantener los hombros derechos.

El cuello debe estar levemente curvado, de modo que la barbilla esté un poco metida hacia el tórax. Los ojos están entreabiertos, mirando de frente y ligeramente hacia abajo. La boca no debe estar ni abierta ni tampoco debemos presionar cerrándola completamente. Los labios están relajados, de forma natural y se respira principalmente por la nariz.

Estos son los puntos esenciales de una postura física adecuada para la meditación.

## Puntos esenciales sobre la mente: ¿cómo desarrollar la concentración meditativa?

Existen distintas técnicas para cultivar la calma mental, de entre las cuales, la que utiliza la respiración como soporte para la concentración meditativa es muy conveniente. En este caso, además hay varias posibilidades.

Podemos enfocar nuestra atención en el vaivén de la respiración, en la simple experiencia de inhalar y exhalar. Si nos resulta de ayuda, también es posible contar los ciclos de respiraciones.

Igualmente se puede representar la respiración como un haz de luz clara y brillante. A medida que inhalamos y exhalamos, nos concentramos en este rayo de luz que entra y sale por las fosas nasales. Contamos cada ciclo de respiración – es decir, una expiración y una inhalación - hasta llegar a un total de veintiún respiraciones. Podemos tomar una suave inspiración y empezar a contar a partir de entonces – expiramos e inspiramos, uno, expiramos e inspiramos, dos, hacia fuera y hacia dentro, tres, y continuar de esta manera hasta llegar a veintiuno, momento en el cual podemos hacer una breve pausa antes de volver a empezar. Contamos de nuevo las respiraciones hasta llegar a veintiuno, visualizando en todo momento la respiración como un haz de luz.

Al principio la mente tiende a distraerse, de modo que será difícil mantener la concentración y poder estar conscientes todo el tiempo durante las veintiún respiraciones. Pero, aunque al comienzo nos resulte dificultoso, no hay razón para inquietarse. Tampoco debemos imponer juicios sobre nuestra meditación. Cada vez que nuestra mente se distraiga traemos tranquilamente nuestra concentración de vuelta a la respiración. El hecho de contar veintiún respiraciones con una buena concentración meditativa nos va proporcionar mayor serenidad de cuerpo y mente. Cuando seamos capaces de contar hasta veintiuno, sin perturbación o distracción alguna, se puede decir que habremos logrado un buen nivel de calidad en concentración meditativa.

Repetimos esta secuencia de veintiún respiraciones, con pausas breves de aproximadamente un minuto entre cada ciclo. En el momento en que consigamos contar muchos ciclos, manteniendo la misma calidad de concentración meditativa, seremos entonces capaces de cultivar la verdadera calma mental.

## Etapas progresivas

Al principio la mente del meditador es como un caballo salvaje que puede ser gradualmente amaestrado mediante una práctica constante de la meditación de la calma mental. Con el tiempo la mente, completamente libre de agitación, alcanzará claridad.

En las instrucciones sobre meditación de ciertos textos la agitación inicial de la mente se compara con una cascada de agua, después con las corrientes de un ancho río que fluyen suavemente y, finalmente, con el agua clara de un lago en un día sin viento.

## Distracciones externas e internas

Con el fin de sentar las bases para desarrollar capacidad de concentración, el corazón mismo de la meditación de la calma mental, debemos comenzar explorando la naturaleza de las distracciones para determinar en qué consisten y cómo se presentan. Hay dos categorías principales de distracciones: externas e internas.

Las distracciones externas se refieren a los objetos de los sentidos, como los sonidos o las formas visuales, presentes en el entorno físico; estos objetos sensoriales atraen nuestra atención casi de forma automática. A menudo ni siquiera somos conscientes de habernos distraído; no nos damos

cuenta de que un objeto sensorial ha atraído nuestra atención, ha provocado reacciones emocionales
y conceptuales y ha activado ciertos patrones de ac-
tuación. Sino que estamos completamente absortos
por los respectivos objetos sensoriales y nuestras
reacciones y, por lo tanto, ni siquiera registramos
cómo se produjo la distracción. Al principio es difícil mantener la atención sin mariposear, pero con
el tiempo superaremos progresivamente la influen-
cia de las distracciones externas. A medida que
seamos más conscientes de la información sensorial
que recibimos, estaremos más alertas para poder
retornar sin demora a nuestro estado de concentración meditativa.

Las distracciones internas pueden adoptar muchas formas, algunas aparentemente positivas y
otras negativas. Las distracciones negativas incluyen
todo tipo de estados mentales aflictivos, como la
ira, la envidia y el miedo. En un principio, puede
llegar incluso a parecer que la práctica de la meditación amplifica nuestros pensamientos y emociones negativas. Pero esta sensación se debe al hecho
de que, en la vida ordinaria, la mente anda de un

lugar a otro, en un movimiento frenético y azaroso, en un incesante parloteo, continuamente abstraída por una actividad mental después de otra, de manera que no percibimos en profundidad los estados emocionales. Por el contrario, en el espacio de calma de la mente concentrada, la fuerza de la obsesión de los patrones emocionales y mentales se hace sumamente obvia.

Las distracciones internas, aparentemente positivas, acompañan experiencias agradables y, por tanto, su correspondiente poder de distracción es más sutil y engañoso. Son estados agradables y placenteros que aparecen como resultado de practicar con éxito la meditación de la calma mental. Se caracterizan por una gran sensación de satisfacción, de confort físico, de felicidad y de bienestar; como los placeres sensuales a los que estamos acostumbrados, pero con más intensidad. Estos estados placenteros, como tales, son perfectamente aceptables. La dificultad proviene, sin embargo, del aferramiento que se apodera con facilidad del meditador quien se esforzará para provocarlos repetidamente. De esta manera, el aferramiento convierte estas experiencias agradables en un obstáculo que se antepone a nuestra evolución hacia las etapas posteriores del darse cuenta.

## ¿Cómo manejar las distracciones?

Ya sean externas o internas, positivas o negativas, la cuestión es que tenemos que lidiar con las distracciones. Al ser la vivacidad una característica destacable de la mente, es natural que se mueva de aquí para allá sin cesar, y que nos percatemos de ello en la quietud de la meditación.

El entrenamiento consiste precisamente en permanecer conscientes, en no permitir que las distracciones asuman el control sino, en cambio, registrar atentamente y con precisión lo que está sucediendo en la mente, el tipo de sensaciones, pensamientos, emociones, imágenes, etcétera, que aparecen y desaparecen, sin aferrarnos a ellas.

## La naturaleza de la concentración meditativa

La concentración meditativa no consiste únicamente en centrarse en un objeto de elección, sea la respiración u otro. Sólo con este tipo de práctica de concentración no vamos a tomar conciencia de las cualidades originales de la mente. Es más, después de experimentar momentos de focalizar la atención en un objeto dado, volveremos a nuestro funcionamiento habitual de una mente errante, como bien constatamos en nuestro día a día.

La práctica de la concentración meditativa conlleva además la conciencia de la mente que percibe. El soporte que elijamos nos va a ayudar a volver continuamente al momento presente, tal como la conciencia de la inhalación y la exhalación. No obstante, a la vez que nos damos cuenta de este soporte, también somos conscientes de la conciencia misma. La mente de un practicante que se entrena en este tipo de concentración meditativa se volverá cada vez más serena, hasta que pueda enfocarse completamente en la conciencia como tal. Llegados a ese punto, ya no hay necesidad de utilizar ningún soporte para la concentración.

En este tipo de meditación de "la conciencia de que es consciente de sí misma", surgirán de manera espontánea experiencias de gozo, claridad y espaciosidad que se asemejan a la vacuidad omnipresente. Son experiencias caracterizadas por la ausencia de los conceptos habituales que consideran los fenómenos como sustancialmente reales y dotados de una naturaleza propia inherente.

En este contexto es indispensable un maestro o guía porque estamos tan inmersos en la experiencia que nos resulta difícil reconocer e interpretar correctamente lo que ocurre y manejarlo por nuestra cuenta.

Las experiencias meditativas pueden aparecer por distintas causas. Por un lado, puede que sean experiencias auténticas en el sentido antes mencionado. Por otra parte, pueden ser fabricadas por nuestras inclinaciones mentales sutiles provenientes de expectativas preconcebidas; en este caso se trataría entonces de meros conceptos disfrazados de experiencias. Un practicante que no es capaz de discernir entre estas fabricaciones y las experiencias auténticas, se engañará fácilmente a sí mismo sin siquiera notarlo. Si no somos capaces de percibir el funcionamiento sutil de la mente, tenderemos naturalmente a fascinarnos por sentimientos y conceptos que confundiremos con experiencias genuinas. Sólo alguien familiarizado con todas las etapas de la práctica meditativa será capaz de ver con claridad lo que está sucediendo en realidad.

A la hora de elegir un maestro conviene tener en cuenta que sea una persona con buena educación y experiencia en meditación, además de estar dotada de una actitud de renuncia, ser paciente y preocuparse por el estudiante. Un maestro debería ser capaz de apoyar al estudiante con habilidad, sin asperezas y sin desalentarle. Insisto encarecidamente en la importancia de encontrar un maestro así.

## Experiencias

Como hemos visto, la aparición de un auténtico sentido de gozo, claridad y vacuidad es un indicador de éxito en el entrenamiento de la meditación de la calma mental. Cuando un practicante es capaz de manejar estas experiencias, sin aferrarse a ellas, su habilidad para permanecer en concentración meditativa focalizada en un punto va a aumentar. Y al cultivar estos estados de la mente donde el practicante permanece en la experiencia directa de gozo, claridad y vacuidad, sin juicios ni apego, a su vez mejorará la calidad de estas experiencias que con el tiempo se harán estables y duraderas.

## Experiencias de gozo: ¿genuinas o artificiales?

Como se ha señalado anteriormente, un entrenamiento continuado en la meditación de la calma mental apacigua la mente que, de forma natural, se verá inmersa en experiencias de profundidad y gozo. Sin embargo, las sensaciones positivas en meditación también pueden ser una especie de fabricación mental, una mera proyección de la mente basada en las expectativas, en lugar de una percepción válida y surgida de manera natural. En el modelo dualista de funcionamiento de la mente tenemos la costumbre de ir en busca de experiencias agradables. Utilizamos este patrón de forma automática como estrategia para compensar sentimientos o pensamientos incómodos. En consecuencia, la mente tiende a construir sensaciones agradables que incluso llegamos a considerar como reales. Este tipo de sensaciones son meramente un artificio y no una experiencia meditativa auténtica.

## Experiencias de claridad: ¿genuinas o artificiales?

Esta tergiversación es igualmente aplicable a las experiencias de claridad de la mente. En nuestro propio engaño, distorsionamos fácilmente la vivencia de momentos de claridad y para remediarlo debemos examinar el significado del término "claridad". En este contexto, se refiere a "la conciencia que es consciente de sí misma". En algunas ocasiones, las escrituras budistas utilizan otro término, la "luminosidad", que es una metáfora de las características de vivacidad y lucidez de la auto-conciencia. De modo que la "claridad" o la "luminosidad" tienen que ver con la capacidad de la mente para iluminarse a sí misma, para conocer lo desconocido. Una vez más, se trata de un lenguaje metafórico y no se refiere a la luz en el sentido físico de la palabra.

En nuestra vida ordinaria no solemos darnos cuenta de la auto-conciencia de la mente. Sin embargo, el conocerse a sí misma es una capacidad fundamental de la mente, presente en cada instante de nuestra vida, de la cual no somos conscientes simplemente por el flujo constante de pensamientos, imágenes y emociones. Los pensamientos y las emociones, a su vez, son provocados por los continuos impulsos físicos y mentales y por los procesos de percepción sensoriales. Dependiendo de las condiciones respectivas del entorno - como la luz o la proximidad - y la nitidez de nuestras facultades sensoriales percibimos un mundo de apariencias, de modo que vemos los objetos visuales, escuchamos sonidos, etcétera. Sin ser conscientes de ello, actuamos condicionados por estos estímulos y estamos así en interacción constante con lo que percibimos.

Mientras sigamos percibiendo y experimentando los distintos objetos sensoriales sin ser conscientes de nosotros mismos reaccionaremos en modo de piloto automático. Tal estado de abstracción de la mente es en realidad una especie de estupor o somnolencia, y se basa en la ignorancia de estados mentales velados por la falta de conciencia de sí. Se ponen en marcha una serie de pensamientos y reacciones automáticas que tienen lugar sin estar en contacto con el aspecto auto-consciente y auto-reflexivo de nuestra mente. En resumen, la capacidad reflexiva de la mente, que es la base de la sabiduría, permanece inactiva. La actividad mental que ocurre, desconectada de la capacidad de auto-conciencia de la mente que todo lo impregna, no es más que una actividad mental producto de la ignorancia. Es un tipo de interferencia que sirve para distraer a la mente de su verdadera naturaleza.

Una vez que se ha perfeccionado el entrenamiento en la calma mental consciente y se ha pacificado la cascada de pensamientos, imágenes internas y emociones, la conciencia mental que es auto-consciente puede surgir por sí misma. Así aparecerán momentos de claridad de forma natural.

Sin embargo, un practicante puede llegar a distorsionar auténticos momentos de claridad tratando de generarlos artificialmente, al igual que ocurría con las experiencias de gozo. Esta distorsión ocurre cuando nos aferramos a efímeros momentos de claridad en la mente y anhelamos reproducirlos de ahí en adelante. Del mismo modo que con cualquier otro impulso del que no somos conscientes, el aferramiento también nos distrae de la naturaleza auto-consciente innata de la mente. Y una vez más nos dejaremos llevar por la tendencia samsárica habitual de reaccionar de manera automática.

## Experiencias de vacuidad: ¿genuinas o artificiales?

Lo que sucede para el gozo y la claridad también es aplicable a las experiencias de vacuidad, que es sólo otro término para denominar la verdadera naturaleza de la mente. Como se ha mencionado previamente, nuestra mente no es consciente de sí misma cuando funciona en modo inconsciente, y menos de su naturaleza verdadera. Por este motivo, todo lo que aparece en la mente - pensamientos, imágenes internas y emociones - se considera tan real y duradero como el aparente mundo externo de experiencias con el que interactuamos constantemente.

Una vez que se han pacificado los pensamientos conceptuales, las imágenes, las emociones, las tensiones, etcétera, el terreno para que ocurran momentos de experiencia de vacuidad estará más despejado. No obstante, como en el caso de las experiencias de gozo y claridad, es muy importante no aferrarse al deseo de recrear, prolongar y poseer estos estados. Por otra parte, los momentos de experimentar la vacuidad son a su vez meras experiencias fugaces. No hay que confundirlas con la verdadera realización de la vacuidad.

## Indicaciones finales sobre la calma mental

La práctica de la meditación de la calma mental es la causa de la realización de la paz y la ecuanimidad. Un entrenamiento constante va a permitirnos experimentar un estado de calma en el que la mente es capaz de concentrarse, a la vez que es consciente de su naturaleza de gozo, claridad y vacuidad. A un practicante que no se aferre a estas experiencias, se le abrirá la puerta para entrar en contacto con la naturaleza absoluta de la mente; será capaz así de disminuir la tendencia a atribuir la concepción errónea de la existencia de la mente como verdadera, sustancial e inherente.

Con una práctica constante, el potencial para que estas capacidades aumenten es ilimitado. Es similar a una oruga que emerge del capullo en forma de mariposa. La mente de una persona en este nivel de conciencia está totalmente desvinculada de las preocupaciones mundanas o de intereses egoístas, ocupándose únicamente de cultivar aún más su concentración meditativa. No obstante, aunque estos estados de calma mental sean inmensos, no van a trascender los estados de la mente samsáricos y, por tanto, no van a desembocar en la liberación última de la existencia cíclica. No son comparables al estado del despertar de un buda. De modo que el siguiente paso indispensable para alguien que desee liberarse de la existencia cíclica y beneficiar a los demás compasivamente será el desarrollo de la visión profunda.

## La visión profunda, una forma avanzada de meditación

La meditación de la visión profunda es el segundo aspecto esencial de la práctica de la meditación budista. Una vez se ha integrado la calma mental, hay que cultivar la visión profunda investigando detenidamente sobre la naturaleza de la mente y de todas las apariencias. Este proceso abre el acceso a la realización de la realidad última. En un principio, la meditación de la visión profunda consistirá más bien en un proceso analítico por medio del cual examinamos profundamente la naturaleza de la realidad. Para ello se requiere de base una mente en calma y clara, tal como ocurre en la meditación de la calma mental descrita previamente.

Me gustaría señalar que, en la actualidad, a nivel del uso internacional del lenguaje así como en muchos libros de meditación, nos encontramos con el término vipassana - la palabra pali para *vipaśyanā* en sánscrito. El significado exacto del mismo varía en función de los respectivos autores y de los distintos sistemas de enseñanza. Muchos hacen uso de este término de una manera bastante general, relacionándolo con la práctica de la meditación y la atención plena accesible a principiantes.

Sin embargo, de acuerdo con el budismo tibetano, en este libro utilizaré el término *vipaśyanā* (tib. lhagtong) o meditación de la visión profunda para referirme a una práctica avanzada de meditación budista. De hecho, la forma más elevada de esta meditación es sencillamente el despertar perfecto de un buda.

Puesto que el *vipaśyanā* consiste en analizar la naturaleza de la realidad, las escuelas filosóficas de pensamiento budista - incluyendo el Madhyamaka que transmite un enfoque muy profundo - pueden combinarse con esta forma de meditación.

El *vipaśyanā* o la meditación de la visión profunda es también el núcleo de la práctica del Vajrayana, en particular de la denominada fase de disolución (tib.: rdzogs rim; skt.: *niṣpannakrama*). En general, a pesar de que están relacionadas entre sí, la fase denominada de generación (tib.: bskyed rim; skt.: *utpattikrama*) se vincula a la meditación de la calma mental. Bajo esta perspectiva, es evidente entonces que la meditación de la visión profunda es una forma de meditación considerablemente avanzada.

## Etapas de la meditación de la visión profunda

Para practicar la meditación de la visión profunda o *vipaśyanā*, un principiante debe en primer lugar analizar y comprender su estado mental presente, y ver en qué medida es un estado preso del engaño o la ilusión. Un análisis minucioso también llevará inevitablemente a examinar las causas de esta ilusión. En este sentido, la comprensión de la ley de causa y efecto se considera asimismo la base de profundas aproximaciones filosóficas.

Desde un punto de vista budista, la mente no es de naturaleza física ya que tiene cualidades distintas a las que se atribuyen al cerebro, que puede ser visto y tocado. El cerebro simplemente sirve de sustrato físico a los procesos cognitivos. Sin embargo, la mente como tal no es el cerebro. Tampoco se puede decir que no es nada; la mente es una experiencia viviente de dinamismo y vivacidad. La verdadera naturaleza de la mente es clara, vacía y sin obstrucciones.

Si observamos con atención la naturaleza de la mente, de la realidad, llegaremos a comprender que todos los fenómenos, externos e internos, en otras palabras, lo que parecen ser los objetos sensoriales externos y la conciencia interior que los percibe, carecen de sustancia y de realidad propia.

Podemos iniciar la meditación analítica observando en primer lugar la naturaleza de los fenómenos externos. Después, podemos continuar observando al sujeto que percibe, a saber, los procesos más sutiles, las formas en que la conciencia percibe y procesa todo. Este segundo aspecto, que es más sutil y en efecto menos obvio, es el más importante en nuestra práctica meditativa.

Un análisis riguroso hará evidente el hecho de que los objetos de percepción que parecen existir en el mundo externo no puede ser otra cosa que proyecciones mentales, es decir, apariencias conocidas por una mente que percibe su propio engaño. De modo que todo lo que percibimos es una proyección irreal que no existe en sí misma en la forma en que solemos asumir que lo hace. Y como no hay objetos exteriores que existen como tales, la conciencia que cree percibirlos también se entiende que es irreal, carente de naturaleza propia. Luego, en base a comprender la naturaleza de los objetos de percepción, desarrollaremos la comprensión de procesos mentales más sutiles que, a su vez, pueden ser percibidos desde dos perspectivas.

En primer lugar, un practicante debe ser consciente del hecho de que los pensamientos y las emociones surgen y desaparecen en la mente, uno tras otro, en un flujo constante de instantes, cada uno distinto al anterior. Por ejemplo, tratemos de con-

tar el número de pensamientos que ocurren en se-
senta segundos y observemos cuántos pensamientos, impulsos o instantes de percepción aparecen y
desaparecen durante este periodo de tiempo. Cons-
tataremos que los pensamientos, las percepciones,
las emociones y las sensaciones aparecen y
desaparecen, en constante cambio. No son entida-
des sólidas y resulta imposible detener su movimiento. También podemos intentar contar los
momentos en que la conciencia se apodera de los
colores y de las imágenes internas. Tratemos de
averiguar lo que realmente sucede cuando, por
medio de la meditación de la calma mental, este
constante surgir y cesar de pensamientos e imágenes se pacifica.

La segunda perspectiva consiste en observar la
mente como tal, su naturaleza real, sin los distintos
aspectos de la conciencia sensorial ni del procesa-
miento de datos sensoriales que se producen siempre en un marco dualista. En este caso, nos estamos
refiriendo a la mente como tal, a la experiencia interna de conciencia propia que no depende de las
experiencias sensoriales de ver, oír, oler, gustar,

tocar y pensar o sentir. "La mente en sí misma" se refiere a la mente libre de todas estas referencias. Por otra parte, cuando dirigimos nuestra atención plena hacia la mente como tal, descubriremos que todos esos momentos de percepción, desde la visión hasta la sensación, se intensifican gradualmente. Este es el proceso mediante el cual se desarrolla la percepción sensorial amplificada.

## Percepción dualista versus visión profunda

Nuestra experiencia presente que sucede enteramente en el contexto de la realidad relativa nos lleva a percibir los actos mentales que nos ocurren - los aparentes objetos sensoriales externos y los fenómenos internos como la percepción, los pensamientos, las imágenes, las emociones, etcétera - como sustancialmente reales cuando, de hecho, su naturaleza es ilusoria. Se asemejan a las imágenes en un sueño, cambiantes en cada momento y carentes de todo tipo de sustancia duradera pero, mientras estemos aferrados a su existencia, estas ilusiones nos controlarán como si fueran reales.

Una vez comprendida la naturaleza de estas pro-

yecciones mentales, a través de la meditación analítica, seremos capaces de dejar de aferrarnos a la
naturaleza aparentemente real de los fenómenos.
Este proceso de 'soltar' invierte el hábito de determinar la existencia de las cosas en base a algo que
no tiene realidad propia; de manera que el patrón
de percibir el mundo de los fenómenos y la mente
que percibe como algo real disminuye.

A medida que nos damos cuenta de que ni los
objetos percibidos, ni la mente que los percibe, tienen una identidad duradera propia, se hace evidente que no nos pueden servir como una base
sólida para determinar la existencia de un mundo
externo y un ser interno. Cultivar este tipo de visión profunda en la práctica meditativa va a contri-
buir a la progresiva desaparición de los estados de
confusión de la mente, hasta que lleguemos a trascender la existencia cíclica – superando los estados
ordinarios de la mente que se rigen por la percepción ilusoria.

# CAPÍTULO 3
## LA UNIÓN DE LA CALMA MENTAL Y LA VISIÓN PROFUNDA

Después de haber investigado en profundidad la naturaleza de la mente a través de la meditación analítica, podemos determinar que los fenómenos externos e internos carecen de sustancia y de realidad. La práctica de la meditación nos lleva a mantener ahora un estado de calma y claridad mentales con exactamente la misma información que obtuvimos antes desde una aproximación intelectual. Nos establecemos así en el conocimiento de la verdadera naturaleza de la mente.

Cultivar estos estados mentales implica que con el tiempo podremos superar la tendencia a la percepción ilusoria en la medida en que la mente realice cada vez más su propia naturaleza. En este sentido, el *vipaśyanā* o la meditación de la visión profunda consiste en desarrollar ambos aspectos: un aspecto de análisis y otro de cultivar estos momentos de introspección, manteniéndose en ellos en un estado de calma y claridad. De esta manera, la meditación de la visión profunda y la meditación de la calma mental se vuelven una sola práctica.

Por consiguiente, un entrenamiento prolongado va a facilitar al practicante establecerse no sólo en la mente consciente de sí misma sino también en la propia naturaleza de la mente. Esta aproximación a la meditación permitirá transcender las tendencias del samsara, tales como la distinción artificial y dualista entre el mundo externo de las apariencias y la conciencia interna que las percibe.

Como resultado de una visión profunda y una calma mental estables, los practicantes más avanzados se verán cada vez menos dominados por el mundo externo. Progresivamente podrán hacer uso de la percepción adquirida para perfeccionar su práctica y, en última instancia, serán incluso capaces de controlar conscientemente los fenómenos externos. Un practicante con gran realización tendrá cada vez más habilidad de extender el alcance y el poder de su conciencia.

El objetivo principal, tanto de la meditación analítica como de la meditación de la calma mental, es percibir la esencia de la mente como lo que realmente es. Incluso el hecho de vislumbrar esta esencia es similar a que un ciego recobre la visión. En la medida en que nos familiaricemos con la práctica, la percepción de la verdadera naturaleza de la mente será más precisa.

Como se ha señalado previamente, para que un practicante tenga éxito en este entrenamiento espiritual necesita cultivar la meditación analítica. Incluso si al principio esta aproximación ocurre en un plano meramente conceptual e intelectual, la puesta en práctica de este análisis abre la vía a un enfoque basado en la experiencia para realizar la verdadera naturaleza de la mente. Un entrenamiento continuado, mediante las distintas experiencias que van sucediendo en el camino, va a facilitar la obtención de una visión directa de la realidad, libre de conceptualizaciones.

Todas las personas que decidan implicarse en la práctica meditativa serán capaces de progresar a través de las distintas etapas del desarrollo descritas.

Comprendiendo que la visión profunda superior,
plenamente integrada en la calma mental,
subyugará todas las aflicciones deberíamos,
en primer lugar, aspirar a la calma mental,
fruto del gozo de ser libre de los deseos mundanos.

Śāntideva, *Bodhicaryāvatāra*, VIII.4

# Capítulo 4
## Los beneficios de la meditación
### de la calma mental

Entrenarse en la meditación de la calma mental va a permitir al practicante permanecer en la autoconciencia. La práctica de la atención plena permite pacificar tendencias, pensamientos y emociones de agitación y angustia. Un practicante que gracias a este tipo de entrenamiento ha perfeccionado cierto grado de ecuanimidad y estabilidad mentales y que, por tanto, puede mantener su concentración sin esfuerzos será capaz de analizar estas tendencias paso a paso, bien se trate de orgullo, envidia, celos, ira, miedo u otros.

Como resultado, los objetos de concentración externos se convertirán en objetos de concentración internos. En lugar de aferrarnos a los factores que desencadenaron las respectivas emociones, estaremos en condiciones de analizar los procesos mentales que se producen en nuestro interior. Desarrollando este tipo de atención, la capacidad del practicante para lidiar con las emociones aflictivas se verá reforzada. La calma interior va a proporcionarle el espacio para, primero, poder registrar las emociones negativas cuando aparecen de una forma muy sutil y después dejarlas de lado sin verse dominado por los patrones reactivos habituales.

Asimismo, seremos capaces de entender que los pensamientos y las emociones no son más que sucesos mentales transitorios. En consecuencia, la meditación de la calma mental va a atenuar los obstáculos emocionales que encontremos en la vida.

La conciencia plena de la meditación en la visión profunda va todavía más allá puesto que examina la verdadera causa del estrés y del sufrimiento. Analizar con precisión los fenómenos externos e internos va a posibilitar que experimentemos en profundidad su naturaleza de vacuidad. Con el tiempo, en la medida en que estas experiencias se estabilizan, el practicante dejará de verse dominado por los fenómenos; será consciente de que todos los sucesos externos e internos carecen de sustancia y de realidad propia. Incluso el aferramiento se disolverá por sí mismo cuando seamos capaces de reconocer su naturaleza vacía. No obstante, este reconocimiento no conlleva la cesación del funcionamiento del karma en su incesante flujo de causas y efectos. Aunque tan pronto como alcancemos un nivel que nos permita establecernos realmente en la meditación de la visión profunda superior, las perturbaciones relacionadas con las consecuencias del karma no van a suponer una gran interferencia.

Los meditadores muy avanzados que han comprendido la naturaleza vacía de la mente y que están constantemente llenos de compasión por todos aquellos seres que todavía no han realizado su verdadera naturaleza van a ser capaces de desplegar los poderes que acompañan a esta realización y podrán hacer uso de la realidad ilusoria con el fin de ayudar a los seres.

Los bodhisattvas de gran realización que ya no están sometidos a la conceptualización de un mundo existente y real están igualmente capacitados para manifestarse en distintos lugares a la vez, satisfaciendo así las necesidades de los seres sensibles.

Por su parte, los budas están totalmente adiestrados en esta habilidad. Así, por ejemplo, el Buda Amitabha se manifiesta en el reino de *Sukhāvatī* (tib. Bde ba chen), mientras que simultáneamente puede manifestarse en cualquier otro lugar que considere apropiado.

## CAPÍTULO 6
### ESTILO DE VIDA FAVORABLE PARA LA MEDITACIÓN

Las perturbaciones debidas al karma acumulado a través de acciones no virtuosas y otras condiciones negativas persistirán siempre y cuando no alcancemos niveles profundos de introspección. De modo que, aparte de la propia práctica de la meditación, hay una serie de recomendaciones a tener en cuenta.

Con todo, resulta fundamental que llevemos una vida con una ética que favorezca la práctica de la meditación, siempre basada en el amor y la compasión.

Es recomendable tomar los votos de bodhisattva, un compromiso de amplio alcance que implica incluir en nuestro deseo personal de alcanzar el despertar un objetivo más elevado: beneficiar a todos los seres con ello. Al hacer este compromiso, estamos sembrando semillas para un desarrollo futuro tan poderoso que nuestra firme y sincera determinación de liberar a todos los seres del sufrimiento del samsara se hará realidad finalmente.

Es bueno recordar que todos los seres sin excepción han sido alguna vez seres muy cercanos y queridos porque, en algún momento durante nuestras existencias pasadas, han sido nuestros padres y madres y nos han demostrado una bondad inconmensurable. Esta visión va a transformar completamente nuestra práctica ya que la motivación personal de luchar por la propia liberación, gracias a la compasión, va a verse modificada; este cambio supone en realidad el camino más corto y directo al despertar. ¿Por qué ocurre esto? Se debe a que esta motivación va a alinear, desde el principio, la orientación de nuestros pensamientos con la del Buda.

Cuando tomamos los votos de bodhisattva nos estamos comprometiendo a seguir las directrices de una conducta adecuada, en la línea del estilo de vida de un bodhisattva. Obviamente, los votos se refieren, no sólo a nuestra actividad externa, sino también a nuestra actitud interna. Si observamos el voto con esmero y no permitimos que se deteriore, la inmensa fuerza generada como resultado de nuestra práctica va a tener el poder de vencer todo tipo de posibles perturbaciones, aflicciones y obstáculos emocionales. Śāntideva, uno de los más célebres maestros bodhisattvas, en su texto *El camino del Bodhisattva* afirmó: "Tomar este voto es una protección para todo tipo de obstáculos."

Por consiguiente, es importante no dejar de esforzarnos en mantener este voto, en renovarlo interiormente de manera regular y en ser conscientes de los fallos cometidos. La ira, los celos y el orgullo son los factores principales para fallar en nuestros compromisos. Habiendo tomado los votos, deberíamos indudablemente hacer todo lo posible para mantenerlos, no sin considerar que, sobre todo al principio, encontraremos muchas dificultades. Resulta casi inevitable vernos inmersos en pensamientos, palabras y acciones inadecuadas. Para remediarlo, podemos recitar las plegarias de aspiración de Samantabhadra tres veces al día, a la vez que deseamos el bienestar de todos los seres sensibles. Así se mantendrá la calidad de los votos de bodhisattva.

## Conclusiones finales

Para concluir, me gustaría animar a todo el mundo a considerar profundamente la importancia de la práctica meditativa. Resulta factible tener un interés general en la meditación y comprender la urgencia del desarrollo espiritual si tenemos en cuenta lo efímera que es la vida. Pero es la responsabilidad de cada uno elegir lo que estima realmente prioritario en su vida.

Otra cuestión a considerar es la necesidad de alguien que nos guíe. Sin duda precisamos de instrucciones y directrices para asegurarnos una progresión adecuada en el camino. Podemos obtener un gran beneficio si contamos con el apoyo de un maestro auténtico, es decir, una persona que esté formada en un centro de meditación budista con buenas referencias, que tenga maestría en la meditación y que siga una vida de renuncia.

Mil eones de oscuridad no pueden atenuar
la naturaleza luminosa y radiante del sol,
del mismo modo que eones de existencia cíclica no pueden oscurecer
la verdadera naturaleza clara y luminosa de la mente.

Mahāsiddha Tilopa (India, s. XI A.C),
*Mahāmudropadeśa*

Este libro se terminó de imprimir en
Normandie Roto Impression s.a.s.
A Lonrai

Nº de Edición : 0015
Depósito legal : Septiembre 2014
Nº de impresión : 1404114

Impreso en Francia